W0464452

EL BARCO
DE VAPOR

Y de regalo... ¡superpoderes!

Elena Moreno

Ilustraciones de Lucía Serrano

sm

LITERATURA**SM**•COM

Primera edición: abril de 2016

Edición ejecutiva: Gabriel Brandariz
Coordinación editorial: Paloma Muiña
Coordinación gráfica: Lara Peces

© del texto: Elena Moreno, 2016
© de las ilustraciones: Lucía Serrano, 2016
© Ediciones SM, 2016
Impresores, 2
Parque Empresarial Prado del Espino
28660 Boadilla del Monte (Madrid)
www.grupo-sm.com

ATENCIÓN AL CLIENTE
Tel.: 902 121 323 / 912 080 403
e-mail: clientes@grupo-sm.com

ISBN: 978-84-675-8590-2
Depósito legal: M-5067-2016
Impreso en la UE / *Printed in EU*

Cualquier forma de reproducción, distribución, comunicación pública o transformación de esta obra solo puede ser realizada con la autorización de sus titulares, salvo excepción prevista por la ley. Diríjase a CEDRO (Centro Español de Derechos Reprográficos, www.cedro.org) si necesita fotocopiar o escanear algún fragmento de esta obra.

A Irene,
mi mejor regalo.

A Miguel.
A Hugo.
Mis chicos.

–Lucas, ¿sabes qué?
Lucas alzó la vista.
Su madre acababa de plantarse en la alfombra roja del salón, justo donde él estaba haciendo una carrera de coches.
¿No podía hacer como papá, que estaba sentado fuera del circuito?

–Qué –gruñó.
–¡Vas a tener un hermanito!
–¿Un hermanito?

Lucas miró a su madre.
Luego, a su padre. Y otra vez a su madre.
–¡¿Y para qué quiero yo un hermanito?!

Ella se puso seria de repente, como si no supiera qué contestar.

–Hummm... ¡Claro! –respondió al fin–. ¡¡¡Para tener superpoderes!!!

–Eso solo pasa en las pelis –respondió Lucas.

Y movió un poco sus coches para seguir con la carrera.

–No, no, no... –insistió su madre–.
Eso pasa de verdad.
Cuando tu hermano sea pequeño,
tendrás el poder de leer el pensamiento.

Lucas miró a su madre
con cara de interrogación.

–Verás –continuó ella–,
el bebé llorará algunas veces.
Y como no sabrá hablar,
tendremos que leerle el pensamiento
para averiguar qué le sucede.
Puede que tenga hambre. O sueño.
O el pañal sucio.

–¡¿¿Con caca??!

–Sí, puede que con caca.

–¡Puaj! Pues no cuentes conmigo para cambiarle –dijo Lucas.

Y se fue a la mesa del comedor a hacer un caracol de plastilina.

El padre de Lucas
se sentó en el comedor con él.

–¡Todavía no te hemos contado lo mejor! –dijo mientras cogía un trozo de plastilina verde y comenzaba a estirarlo encima de la mesa–. Después el bebé empezará a gatear y caminar, y entonces te convertirás en un superpolicía.

–¿Qué clase de superpolicía?

–Uno que le enseñe
lo que puede y no puede hacer.
Querrá tocar los enchufes
o tirar las cosas de la mesa.
Abrir los cajones o coger las tijeras.
Incluso querrá comerse tu plastilina.

–¡Qué asco! –Lucas arrugó la nariz.

–Por eso le tendrás que vigilar. Para enseñarle lo que está bien y lo que está mal. Y ayudarle si se encuentra en peligro.

–¡Ni hablar! ¡Yo no soy la niñera de nadie! –mascullóLucas al tiempo que se levantaba y aplastaba de un golpe el caracol.

Y se fue a su habitación a jugar con los bloques de las construcciones.

Pasado unos minutos, apareció su madre.
Se sentó en el suelo de la habitación
y apoyó su espalda en la pared
para ver cómo Lucas ponía una pieza sobre otra.

–¿Te cuento una cosa? –dijo–. Cuando nazca tu hermano te transformarás en un superconstructor de torres y edificios.

–Ya soy un buen constructor
–aseguró Lucas señalando orgulloso su torre.
–Eres bueno. Pero serás mucho mejor.

–¿Cómo de bueno? ¿Seré... el mejor constructor de nuestro portal?

–El mejor del portal –respondió su madre con rotundidad.

A Lucas se le abrieron los ojos como platos.

–¿Y... el mejor de la urba?

–Sí. De la urba también.

A Lucas se le abrieron las orejas de lado a lado.

–¿Y del colegio, mamá? ¿También seré el mejor de mi colegio? –siguió preguntando Lucas.

–Por supuesto –afirmó su madre sin dudar.

A Lucas se le abrió la boca hasta los pies. La idea de ser el mejor constructor de torres y edificios de su portal, de su urbanización y hasta de su cole molaba mucho.

–Y eso... ¿cómo se hace? –preguntó.

–A tu hermano le gustará tirar todo por el suelo –comenzó a explicarle su madre–. Y cuanto más ruido haga, mejor. Tú le harás una torre con las piezas de las construcciones y él la tirará apenas hayas colocado la última pieza.

–¡A mi torre que no se arrime!
–gritó Lucas mientras se le cerraban los ojos, las orejas y la boca, todo a la vez.

–Al principio te enfadarás,
pero él te dirá: «Más, más»,
y tú levantarás otra torre,
más alta que la anterior.
Y él la volverá a tirar.

–¡Para eso no hago ninguna torre!

–Cada vez lo harás más rápido. Y tu torre será más fuerte que la anterior. Así te convertirás en el mejor constructor de torres del universo.

–Pues si él lo tira, él lo recoge –dijo Lucas echando abajo su torre de un puntapié.

Y se fue a la mesa de la cocina con su cuaderno de colorear.

Su padre estaba preparando espaguetis para la cena. Cuando acabó, se sentó a la mesa, cogió un rotulador de color verde y se puso a colorear con Lucas.

–Oye, papá,
¿y después qué hará el bebé?
–preguntó Lucas
mientras pintaba un guepardo.

–Después el bebé crecerá tanto que tendrá que ir al colegio.

–¿Y yo en qué me convertiré entonces?

–Te convertirás en un supermago que hará desaparecer los miedos.

Lucas dejó el lápiz en el aire y se quedó mirando a su padre.

–Verás, el cole será algo nuevo para él. No estaremos cerca ni mamá ni papá, y tú irás a la clase de los mayores. Tendrás que decirle entonces que no tenga miedo.

–¿Miedo de qué?
¡Si allí solo asusta la comida del comedor!
–dijo Lucas.

Su padre se echó a reír.

–¡Pero él no lo sabe!
Por eso tendrás que explicarle
que lo pasará muy bien en el patio.
Que pintará con los dedos.
Y que aprenderá un montón de canciones.
Ah, y que conocerá a niños
como Martina y Pedro.

–¡Eh, esos son mis amigos! ¡Él que se busque otros!

–Pero pueden ser amigos de los dos, ¿no?

Lucas frunció el ceño.

–Ya veremos...
–dijo cerrando su libro de colorear.
Y se fue a la biblioteca
a por uno de sus cuentos.

La madre de Lucas
estaba en la biblioteca,
en la butaca grande,
leyendo un libro de muchas páginas.
Lucas se sentó junto a ella,
en una butaca más pequeña
y con un libro mucho más fino.
Durante unos minutos,
ambos leyeron en silencio.

–¿Sabes? –susurró su madre, como si le contara un secreto–. Un día te convertirás en el mejor contador de historias del mundo mundial.

–¿Y eso cómo lo haré? –preguntó Lucas.

–Contándole todos los cuentos que te sabes. Y hablándole de los libros que lees y leerás. A él le gustará escucharte y siempre querrá que le cuentes una historia más.

–¿Y le podré contar la del ratón que come gatos? –preguntó Lucas.

–Claro.

A Lucas se le dibujó una sonrisa en los labios.

–¿Y la del niño que es tan distraído que va perdiendo partes de su cuerpo mientras da un paseo?

–Esa también.

Los ojos de Lucas brillaron.

–Y la del camino que dicen
que no va a ninguna parte y tanto te gusta
–añadió su madre.

–No. Esa no –se negó Lucas.

–¿Por qué no?

–¡Porque no! Bueno... a lo mejor algún día
–dijo Lucas.

Luego cerró su cuento,
lo devolvió a su estante
y se sentó en el regazo de su madre.

Lucas jugaba con un mechón de pelo de su madre mientras ella le hacía caricias por la espalda. El padre de Lucas entró en la biblioteca y se sentó junto a ellos.

–Mamá, ¿y el hermanito tendrá algún superpoder?

–Mientras sea pequeño no,
pero poco a poco los irá teniendo.
Y se convertirá en un superconstructor,
como tú, y juntos levantaréis
las torres más altas del universo.

Lucas se imaginó una torre alta.
Muy alta. Más alta que él.
Tan alta que iba a necesitar dos manos más,
por lo menos, para levantarla.

–¿Y luego? –preguntó.

–Luego aprenderá a leerte el pensamiento. Y podréis deciros cosas casi sin hablar –dijo su padre–. Le mirarás y él sabrá si quieres jugar, si prefieres que esté en silencio o si necesitas un abrazo.

Lucas se imaginó
enviando mensajes telepáticos
sin despegar los labios.
¿También funcionaría
para hablar con sus amigos en clase?
¿O esto era solo cosa de hermanos?

–¿Y después tendrá algún poder más? –insistió.

–También será un gran mago –dijo su madre–.
Cuando llegue el momento
de hacer cosas nuevas, él estará a tu lado,
para que no tengas miedo.
Te dará ánimos cuando lo necesites.
Y se sentirá orgulloso
de todo lo bueno que te pase.

–¿Y qué más?

–¡Será una gran contador de historias! –siguió su padre–. Pero en sus historias siempre aparecerás tú y serás el héroe que no tiene rival.

Lucas miró a su madre.
Luego a su padre.
Y otra vez a su madre.

–Y papá y tú,
¿también tenéis superpoderes?

–¡Claro! –sonrió su madre, orgullosa–. Nosotros tenemos el poder de hacerte el mejor regalo del mundo: ¡un hermano!

–¡O hermana! –añadió su padre.
–¿¡UNA HERMANA!?

Y a Lucas se le abrieron
los ojos como platos,
las orejas de lado a lado
y la boca hasta los pies.

TE CUENTO QUE LUCÍA SERRANO...

... nació en Madrid en 1983. Un año después, sus padres le hicieron el mejor regalo del mundo: ¡una hermana! Lucía e Irene no paraban de jugar. Jugaban con los juguetes, sí, pero también con los cubiertos, los vasos, el belén... Un día, hasta operaron a un diplodocus y a un triceratops. Por las noches, antes de dormir, se decían: «Ya sabes, tú también». Y eso significaba que si una no podía dormir, despertaría a la otra para charlar y no aburrirse. Sus padres les contaban muchos cuentos, y hoy, aunque las dos son más grandes, siguen jugando y contando: Irene es actriz, y Lucía ilustra y escribe libros como el que tienes en tus manos. Y colorín colorado...

Lucía Serrano es licenciada en Bellas Artes por la Universidad Complutense de Madrid y tiene un posgrado de Ilustración Infantil en la Escola Eina de Barcelona. Desarrolla su trabajo de ilustración en libros de texto y libros y revistas infantiles y juveniles. También ha participado en exposiciones colectivas, y formó parte del equipo de ilustradores del Proyecto *Humanicem els Hospitals* del Hospital Vall d'Hebron, en Barcelona.

TE CUENTO QUE ELENA MORENO...

... fue hija única durante uno, dos, tres, cuatro... ¡diez años! Y cuando sus padres le preguntaron qué era lo que más quería en este mundo, ella respondió: «Un balón de fútbol. De reglamento». Sus padres no le regalaron aquel balón, pero ahora tiene una hermana genial a la que le encantan los perros y los caballos, y una casa llena de balones (de reglamento) con los que juega siempre que puede con su hijo y su marido.

Elena Moreno nació en Madrid en 1978. En el instituto tuvo una profesora de bata blanca que le descubrió la literatura y la cantidad de emociones que se pueden transmitir con ella. Así que Elena decidió estudiar Filología Hispánica. Antes de licenciarse, comenzó a trabajar en el departamento de literatura infantil y juvenil de SM. Desde entonces vive rodeada de libros (de los que escriben otros y de los que escribe ella) y no se preocupa de otra cosa que no sea hacer grandes a los lectores más pequeños.

Si te ha gustado este libro, visita

LITERATURA**SM**•COM

Allí encontrarás:

- Un montón de libros.
- Juegos, descargables y vídeos.
- Concursos, sorteos y propuestas de eventos.

¡Y mucho más!

Para padres y profesores

- Noticias de actualidad, redes sociales y suscripción al boletín.
- Propuestas de animación a la lectura.
- Fichas de recursos didácticos y actividades.